AF363965

FLORANGE _ 24 septembre 1930.

24 Septembre 1930

MONNAIES & MÉDAILLES

FRANÇAISES & ÉTRANGÈRES

MONNAIES ANTIQUES

ANTIQUITÉS

OBJETS DE FOUILLES — BIBELOTS

AUTOGRAPHES CONCERNANT L'ÉPOPÉE IMPÉRIALE

AUTOGRAPHES & DOCUMENTS

IMAGES D'ÉPINAL — GRAVURES

GALERIE ALEXANDRE III

BOULEVARD ALEXANDRE III

CANNES

VENTE AUX ENCHÈRES PUBLIQUES
LE 24 SEPTEMBRE 1930

Me CARTIER
NOTAIRE A MOUGINS (A.-M.)

M. Ch. FLORANGE
EXPERT
19, AVENUE D'ORLÉANS
PARIS (XIV)

M. Emile FABRE
EXPERT PRÈS LE TRIBUNAL CIVIL
GALERIE ALEXANDRE III
CANNES

VENTE AUX ENCHÈRES PUBLIQUES
le 24 Septembre 1930
à 14 h. 30 précises

———

EXPOSITION PUBLIQUE
le Mardi 23 Septembre 1930
de 10 h. à midi et de 14 h. à 18 h.

CONDITIONS DE LA VENTE

———

Elle sera faite au comptant.

Les acquéreurs paieront **14** % en sus des enchères.

Les paiements devront être effectués, en espèces ou par chèques payables à Cannes.

L'expert, dans l'intérêt de la vente, se réserve la faculté de réunir ou de diviser les lots. Il assistera à l'Exposition et se tiendra à la disposition de MM. les Amateurs qui auraient un renseignement à lui demander ou des ordres d'achat à lui confier.

Une exposition publique permettant aux Amateurs de se rendre compte de l'état et de la nature des objets, aucune réclamation ne sera admise une fois l'adjudication prononcée.

NOTA : Les objets vendus devront être retirés de la Galerie Alexandre-III le lendemain du jour de la Vente, avant midi. Passé ce délai, ils seront frappés d'un droit de magasinage, s'élevant, par jour, à 1 franc par objets d'art et à 2 francs par objets mobiliers. Les livraisons n'ont lieu que le matin de 8 heures à midi.

AVIS IMPORTANT

Toute la correspondance concernant cette vente devra être adressée à **CANNES,** Galerie Alexandre III.

M. Florange, expert, y séjournant jusqu'au 25 Septembre 1930.

DÉSIGNATION

MONNAIES & MÉDAILLES

MONNAIES GRECQUES

ESPAGNE

1 — **Osca.** Tête barbue ℞. Légende ibérique. Cavalier au galop. Argent, 5 pièces.

2 — **Osca.** Mêmes types. Bronze, 3 pièces.

3 — **Cadix.** Tête d'Hercule, ℞. Poissons. Bronze, 2 pièces.

4 — **Carteia.** Tête de femme, ℞. Personnages assis. (Heiss pl 49-18). Bronze.

5 — **Castulo.** Tête, ℞. Griffon. Bronze.

ITALIE

6 — **Thurium.** Tête casquée, ℞. Taureau, au-dessous un thon. Bronze.

GRECE

7 — **Athènes.** Tête d'Athena, ℞. Chouette. Tetradrachme. Argent TB.

8 — **Athènes.** Autre variété. Argent.

9 — **Mytilène.** Tête d Apollon, ℞. Lyre. Bronze.

10 — **Rhodes.** Tête d'Helios, ℞. Rose épanouie. Drachme. Argent.

11 — **Macédoine.** Alexandre III. Tête d'Héraclès, ℞. Zeus assis à g. Drachme argent.

JUDEE

12 — **Grappe** de raisin, ℞. Vase. Bronze.

ROIS PARTHES

13 — **Deux Drachmes** argent, et 1 pièces bronze. En tout, 3 pièces.

ROIS SASSANIDES

14 — **Deux Drachmes**, types différents. Argent.

ZEUGITANIE

15 — **Carthage.** Tête de Perséphone, ℞. Cheval debout, regardant à g. Bronze, 3 pièces.

16 — **Carthage.** Tête de Perséphone, ℞. Protome de cheval. Grand module. Bronze, 2 variétés.

17 — **Carthage.** Tête de Perséphone, ℞. Protome de cheval. Petit module. Bronze, 4 variétés.

18 -- **Carthage.** Tête de Perséphone. R'. Cheval debout devant un palmier. Bronze, 4 pièces.

19 -- **Carthage.** Tête de cheval, R'. Palmier. Bronze, 2 variétés.

NUMIDIE

20 — **Micipsa roi,** etc., R'. Cheval. Bronze, 5 variétés.

21 — **Juba roi.** Deniers au carquoi. Argent, 3 variétés.

22 — **Juba roi.** Denier à la coiffure d'Isis et au sistre. Argent.

23 — **Juba et Cléopatre Selené.** Leurs bustes. Bronze.

24 -- **Cléopatre Selené.** Son buste à g. R'. Crocodile. Grand module. Bronze.

EGYPTE

25 — **Ptolémée.** Sa tête, R'. Aigle sur un foudre. Argent.

26 — **Ptolémée** Evergête. Tête et Aigle. Argent, 2 pièces.

27 — **Ptolémée** VII à X II. Grand, moyens et petits bronzes. Bronze, 12 pièces.

28 — **Cléopatre** III. Buste à dr. R'. Aigle dans une couronne. Bronze. Bronze, 3 pièces.

29 — **Ptolémée** XV. Tête avec diadème et cheveux longs. R'. Aigle.

30 -- **Tibère et Auguste.** Leurs têtes. Potain, 2 pièces.

31 — **Tibère.** Sa tête. R'. L'abondance debout, et autre avec aigle. Potain, 2 pièces.

32 — **Néron.** Tête radiée, R'. Aigle. Potain, 4 pièces.

33 — **Néron.** Tête laurée, R'. Buste de Serapis. Bronze, 2 pièces.

34 -- **Néron.** Tête radiée, R'. Buste de Serapis et autre avec Aigle. Bronze, 3 pièces.

35 — **Néron et Popée.** Tête radiée. R'. Buste lauré. Potain, 3 pièces.

36 — **Domitien.** Tête laurée, R'. Victoire. Potain.

37 — **Trajan.** Tête laurée, R'. L'Abondance et Sérapis debout. Bronze.

38 -- **Trajan.** Buste lauré, R'. Paon debout de face. Potain.

39 -- **Trajan.** Buste lauré, R'. Sérapis assis sur un trône. Potain.

40 — **Trajan.** Buste lauré, R'. La Justice debout, autre. Potain, 2 var.

41 — **Adrien.** Buste lauré, R'. Le Nil couché, etc. Potain, 2 variétés.

42 — **Antonin le Pieux.** Tête laurée, R'. Sérapis debout. Grand module. Bronze.

43 **Gordien** etc. Lot de 50 pièces diverses. Petits modules. Bronze.

44 -- **Lot** de pièces grecques douteuses et non classées. Argent et bronze. 55 pièces, dont 12 argent.

MONNAIES ROMAINES

45 **Période romano-campanienne.** Sémis à la tête de Janus. Bronze. 2 variétés.

46 -- **Période Consulaire.** 7e Période. Deniers anonymes (R.78)[1]. Argent, 2 pièces.

47 **Aburia** (R. 84). Aemilia (R. 115) Antestia (R. 148) Deniers argent, 3 pièces.

48 **Antonia** (R. 167). Deniers des Légions (R. 222). Appulea (R.224). Deniers argent, 4 pièces.

49 — **Baebia** (R. 271). Caecilia (R. 294). Calpurnia (R. 304 et 325). Deniers argent, 4 pièces.

---

[1]Consultez ouvrages Rolland (H). Numismatique de la république romaine. Catalogue raisonné. Paris 1928 in-8 br.

50 -- **Claudia** (R. 384 et 385). Cosconia (R. 448). Deniers argent, 4 p.

51 — **Fannia** (R. 488). Julia (R. 541 et 545) Deniers argent, 4 pièces.

52 — **Junia** (R. 615, 624 et 627). Deniers argent, 3 pièces.

53 — **Memmia** (R. 737). Minutia (R. 748). Opimia (R. 785). Deniers argent, 3 pièces.

54 — **Pinaria** (R. 807). Plutia (R.827). Porcia (R. 854 et 856). Deniers, argent, 4 pièces.

55 — **Rubria** (R. 890). Rutilia (R. 902). Sempronia (R. 917). Deniers, argent, 3 pièces.

56 — **Valeria** (R. 1001). Vibia (R. 1023). Deniers argents, 3 pièces.

57 -- **Lot** de 6 deniers divers. Argent.

58 -- **Lot** de 15 deniers divers. Argent.

59 - - **Période Impériale.** Auguste, Deniers (4 p.) moyens br. (7 p.), argent et bronze 11 pièces.

60 — **Claude,** Germanicus, Néron, Vespasien (3 deniers). Argent et bronze, 16 pièces.

61 -- **Domitien.** Gr. et moy. Br. Nerva, deniers et gr. br. Argent et bronze, 5 pièces.

62 - - **Trajan.** Gr. br. et deniers. Adrien Gr. br. moy. br. et deniers. Argent et bronze, 16 pièces.

63 -- **Antonin le Pieux,** 2 deniers et Gr. bronze. Arg. et br., 16 pièces.

64 — **Faustine mère,** 1 den. Gr., moyen et petits br. Arg. et br. 15 p.

65 — **Marc-Aurèle,** Gr. et moy. br. Faustine jeune, Gr. br. Br. 9 pièces

66 — **Lucius Vérus,** Moy. br. Lucille, Moy. br. Br. 9 pièces.

67 — **Commode.** Gr. br. et moy. br. Septime Sévère. Denier. Geta, deniers. Argent et bronze, 7 pièces.

68 -- **Caratalla.** Deniers et Gr. br., Albin, Gr. br., Julie Mœsa, Gr. br. Arg. et br., 7 pièces

69 — **Alexandre Sévère,** 2 Deniers et Gr. bronzes. Arg. et br. 40 p.

70 — **Julie Mamée.** 2 deniers et Gr. br. Arg. et bronze, 15 pièces.

71 -- **Maximin I.** Denier et Gr. br. Arg. et br., 9 pièces.

72 — **Gorden père.** Gr. br. Bronze, 15 pièces.

73 — **Gordien le Pieux,** 4 Deniers et Gr. br. Arg. et br., 22 pièces.

74 — **Philippe père,** 2 Deniers et Gr. br. Arg. et br. 14 pièces.

75 — **Otacile,** Gr. br. Bronze, 6 pièces.

76 — **Philippe fils,** Gr. br. Bronze, 6 pièces.

77 -- **Trajan Dèce.** Gr. br., Volusien, denier. Valérien, 2 deniers, Gallien, 4 deniers. Billon et Bronze, 8 pièces.

78 — **Salonine,** 3 deniers. Postume, 2 deners. Lehèn, denier. Tetricus, denier. Billon, 7 pièces.

79 - - **Claude II,** Aurélien, Probus, Max-Hercule, Dioclétien et Hélène. Deniers. Bronze, 13 pièces.

80 — **Valère,** Maxence, Licinius, Constantin I et II. Deniers br. 35 p.

91 - - **Constantinople et Rome.** Deniers. Bronze, 27 pièces.

82 — **Fauste,** Crispe, Constant I, Constance I et II, Magence. Deniers. Bronze, 33 pièces.

83 - - **Julien le Philosophe,** Moy. br. Valentinien, Théodore, Arcadius, Justinien II. Deniers, 7 pièces.

84 -- **Période byzantine,** Michel, Léon etc. Période barbare, Gr. br. et petit bronze. 33 pièces.

MONNAIES FRANÇAISES

85 — **Nimes.** Gr. br. au crocodile, Gauloises diverses. Tectosages (4 p.). Argent cuivre, 8 pièces.

86 — **Charles V, roi de France.** Demi-guénar. Charles VI, blanc coronelle. François Ier, douzain croisette pour Bourges. Henri II Teston 1560. Toulouse, douzains aux croissants, Henri IV, 8e d'écu du Dauphiné. Argent et billon, 12 pièces.

87 — **Louis XIII.** Cinq sols, Paris, 1643; doubles tournois. Louis XIV, dem-écu mèche longue, 1659. Angers, 10e d'écu aux 3 couronnes Bordeaux et Perpignan, liards et II deniers. Louis XV, doubles-sols et demi-sol. Argent cuivre, 18 pièces.

88 — **Louis XVI,** 15 sols, 1786, Paris, sols et demi-sols. **Pérode Révolution,** 2 sols, 1792, 12 deniers. Colonies surfrappe R. F. Cayenne, 2 sous 1789. **République.** Monneron 2 sols, décimes, 5 centimes, an 4, 7, 8. Arg. et cuivre, 18 pièces.

89 — **Napoléon Ier.** 1 fr. 1806. Paris. 10 cent. 1809, Toulouse. 5 soldi, Milan, 1813. **Marie-Louise,** Parme, 1 lire 1815. Anvers, siège, 1814, 5 cent. Strasbourg, décime 1815. **Charles X,** Colonies, 10 cent. 1825 et 1827, Centimes 1848, 48, 1850. **Napoléon III,** sou satyrique et centimes. Arg. et cuivre, 15 pièces.

90 — **Napoléon III.** 10 francs 1856. Paris. Or.

91 — **Troisième République.** 50 centimes, 1897, 1e émission. 5 fr. 1873. 25 centimes 1914 et 1915, avec tiret. Monnaies féodales diverses. Monaco, décime et 5 centimes 1837, 1838. Type du 5 francs à l'Hercule au buste du Général Boulanger 1887. (Repoussé). Argent et cuivre, 28 pièces.

92 — **Colonies françaises.** Maroc, Tunisie, Cambodge, Syrie, Haïti, Indo-Chine. Pièces de 5 francs coupée pour la colonie du Sénégal. Arg. et cuivre. 18 pièces.

93 — **Occupation française,** 1 sol 1790, Luxembourg, 1 soldo Milan, Sicile, 1810, 3 et 2 grana. Viterbo, 2 baiocchi et demi 1796. Civita-Vecchia, 5 baiocchi, Perpignan, Montbéliard, Avignon, etc. Billon et cuivre, 14 pièces.

94 — **Monnaies de guerre.** Albi, 25, 15 et 5 centimes; Amiens, 15 et 10, Auch, 10; Bayonne, 50 cms et 10; Béziers, 25; Carcassonne, 25 et 10; Carmaux, 10 et 5. Aluminium et fer, 25 pièces.

95 — Castres, 10; Charleville, 10; Evreux, 1 fr., 25 et 10 cms.; Gard, 25 et 10 cms. Aluminium, 10 pièces.

96 — Hérault, 25, 10 et 5 cms, types variés. Alum. et zinc, 33 pièces.

97 — Landes, 10; Laroque, 5; Lot, 10 et 5; Marseille, 10 et 5 et 15; Mazamet, 25 et 10; Montpellier, 10, 25; Narbonne, 25 et 10. Aluminium et cuivre, 27 pièces.

98 — Nice et Alpes-Maritimes, 10 et 5, années différentes; Nice, Avignon, Nîmes, etc., 10 et 5; Alais, Marseille, etc., 25, 10 et 5. Aluminium et zinc, 70 pièces.

99 — Paris Tram. 25 et 20; Perpignan, 25, 10 et 5, années variées, Royan, 10 cms; Saint-Étienne Tram, 10; Saint-Gaudens, 10; Saint-Mathieu, 25; Tarbes, 10; Toulouse, 10; Vichy, 25. Aluminium et fer, 34 pièces.

100 — Alger, 10 et 5cms, années différentes; Oran, 10 et 5; Constantine, 25. Zinc et aluminium, 38 pièces.

101 — Alsace-Lorraine, Bouzonville, 10 et 5; Saint-Avold, 25; Saar-Buckenheim, 50, 10 et 5. Zinc, 6 pièces.

MONNAIES ÉTRANGÈRES

102 · **Allemagne.** Berg, Bade, Schleswig, Bocholt, Nassau, Ulm (Maillet pl. 114 nᵒ 6) sur flan cuivre, etc. Cuivre et billon. 34 pièces.

103 · **Autriche-Hongrie.** 30 kr. 1807. Pollura, 1763. **Vienne :** Monnaie obsidionale indéterminée. Buste d'Evêque à l'avers, ℞. Chiffre III, date 165.. et deux écussons accostant une ville au-dessous. GROS. ARGE TRI. CIVI... GV. Argent ; Arménie, Bulgarie, Hollande. Argent et cuivre, 22 pièces.

104 · · **Brésil.** Jean VI, 960 reis 1821, frappé à Rio. Argent. T. B.

105 - - **Caracas.** 2 réaux 1818 aux colonnes d'Hercule. ℞. Armes d'Espagne, avec F. 7. Argent.

106 — **Espagne.** Ferdinand VI. Buste cuirassé à g. 1753. ℞. INITIVM SAPIENTÆ TIMOR DOMINI. Armes d'Espagne avec collier de la Toison d'Or. A l'ex : LM LM. De chaque côté de l'écusson, J et 8. Or T. B.

107 · · Philippe **V.** Peso 1743 ; Ferdinand VI, 1747-1757 ; Charles III, 1773. Pesos. Or. 4 pièces B.

108 — · Ferdinand VII. Pesos 1816-1817 ; Isabelle II, Peso 1861. Or. 5 pièces B.

109 · · **Espagne et Colonies.** 8 réaux et 4 réaux 1697. Philippe, Barcelone, 1655. Ferdinand VII, 5 pesetas cuivre. Isabelle de Grèce et Portugal. Argent et bronze, 27 pièces.

110 · · · **Grande-Bretagne.** George III, Victoria, double penny et pennies ; Jasob pour l'Ecosse. Gibraltar, 1810, 1820. Penny, Guernesey, 8 et 4 doubles, Canada. Cie des Indes, Hong-Kong, North Bornéo, Hong-Kong, Sarawak, Maurice, Malacca, etc. Cuivre, 24 pièces.

111 — Tokens, Wilkinson, Hardy, Mines de Birmingham, Chichister, Campagne d'Espagne 1812, Bigods Castle. Newgate, Howard, Bristol, etc. Cuivre, 16 pièces.

112 — **Italie.** Etats romains, 5 baiocchi 1851 ; 2 b. 1848, 1850, baioccho 1816, 1844, 1850. Demi-b. 1849, 1850. 2 soldi 1867. Etrurie, Milan, 2 soldi 177. Deux Siciles, 10, Tornesi, 1839. Tornesi, 1798, 1901, 5 tor. 1798. Tornesi, 1843. Savoie, Toscane, 5 quatrini, 1830, quatrino 1795, 1822, 1848, Venise, 3 cent. 1849. Armata et Morée. Cuivre, 35 pièces.

112 — · **Russie.** 10 kopecks, 1789, 1790, 1833 ; 5 kop., 1763, 1836, 1851 ; kopeck, 1829, 1842 ; 3 kop., 1915 ; 15 kop. 1905 (Arg.) **Pologne, Grèce,** argent et cuivre, 16 pièces.

114 — **Pays Scandinaves.** Ore, shillings. Dalers, 1718. Colonies. Cuivre, 16 pièces.

115 — **Suisse.** Genève, Bâle, Lucerne, Sant-Gall, Schwitz Vaud, Vallis, Cuivre, 13 pièces.

116 — **Empire Ottoman.** Domination arabe. Algérie, Tunisie, Egypte, Turquie. Argent, 48 pièces. Cuivre et verre coulé, 70 pièces.

117 — **Amérique.** Pérou, Rép. Dominicaine, Urugay, Argentine. Amérique centrale. Piastre carrée surfrappée et contremarquée. (Argent). Etats-Unis Cents. Token. New-York Robins, 1836. Argent, cuivre, 18 pièces.

118 — **Chine.** Taels, sapèques. Cuivre, env. 100 pièces.

119 - **Lot** de 20 pièces en cuivre et 7 monnaies argent. Venise, Espagne, etc. Argent et cuivre, 27 pièces.

JETONS

120 — **Angers** (Mairie d'). Armes de la ville et buste de Louis XIII.
Argent. **Aumont** (Le chevalier d'Antin). Ses armes, ℞. monogramme dans cartouche. Argent octogone. **Bercy** (Loge
des Trinosophes de). Cuivre octogone. **Bretagne** (Etats).
Jeton de 1754. Argent. **Chartres** (Ville). Jeton au buste de
Louis XVI. Argent. **Le Couteulx** (L.A.) maire de Rouen,
1764. Argent, 6 pièces.

121 — **Lorraine (H. de)** comte d'Harcourt. Jeton cuivre de Dassier,
Lorraine (François Steph.) Nancy, 1714. Cuivre. **Louis XV,**
Bâtiments du roi, Ecuries du roi, 2 variétés. Ordinaire des
Guerres, 1744. Argent. 6 pièces.

122 — **Marie-Thérèse de France.** ℞. HINC ROS. QVO LÆTA, etc.
1680. Cuivre ; MON OYE FAICT TOUT. OIE ℞. SIC
FULGET INTER LILIA, 1657). (Jeton à jeu de mots).
Cuivre ; **Moulins** (Ville de). Argent.

123 — **Raousset** (Guill. de) et **Anne de Vintimille d'Olioules,** des comtes de Marseille, son épouse, 1700. ℞. Ecusson à leurs armes.
Cuivre, 3 pièces.

124 — **Rouen** (Eglise de). 1712. Argent. **Rouil,** dentiste à Toulon.
Laiton, **Voysin,** maître des requêtes, Paris, 1666. Laiton.
Narbonne, Bouton Révol. Empire bouton, etc., 6 pièces.

MÉDAILLES ET MONNAIES
DE PORCELAINES ÉMISES EN ALLEMAGNE

125 — **Saxe**, 2, 1 mark, 50 et 20 pfenning. Porcelaine brune.
126 — **Saxe,** 20, 10 et 5 marks. (Série très rare).
127 — **Meissen (Ville).** 3, 2 et 1 marks.
128 — **Meissen (Ville).** 50 et 30 pfenning. Porcelaine brune.(Très rare)
129 — **Meissen (Ville).** 50 et 30 pfenning. Porcelaine blanche.
130 — **Meissen (Ville),** avec casque, 10 marks, porcelaine brune.
131 — **Meissen (Ville),** avec casque, 10 marks, porcelaine blanche.
132 — **Meissen (Ville),** avec casque, 10 m. porc. brune avec étoiles d'or.
133 — **Meissen (Ville),** avec casque, 10 m. porc. bl. avec étoiles d'or.
134 — **Meissen (Ville).** Neptune, 5 pièces différentes.
135 — **Meissen (Ville).** Martin Luther, 1 mark porcelaine brune.
136 — **Saxe de l'Ouest.** 20, 10 et 5 marks. (Très rares).
137 — **Louis Richter,** 10 marks, 3 variétés.
138 — **Four crématoire,** 4 variétés.
139 — **Couronnement,** 2 variétés.
140 — **Ecoles,** 4 variétés.
141 — **Sport,** 6 variétés.
142 — **Ski,** 3 variétés.
143 — **Eglise.** Martin Luther, 1 pièces.
144 — **Loebau (Ville),** 3 variétés.
145 — **Loebau (Ville).** Etudiants, 30 marks. Porc. brune. (Très rare).
146 — **Meissen (Ville).** 20, 10 et 5 marks. (Série très rare).
147 — **Meissen (Ville).** Cloche, 10 mark. Porcelaine blanche.

L'historique de ces monnaies en porcelaine est la suivante :
Lorsque l'Etat de Saxe était aux mains des communistes,
pendant les mois de Février et Mars 1921, ceux-ci émirent
officiellement cette monnaie en porcelaine. Le Reich, reprenant la Saxe au mois d'Avril de la même année, le Ministère
des Finances de Berlin défendit, par un décret **officiel** du
15 Août 1921, d'émettre à nouveau cette monnaie. Ces séries sont devenues très rares et offrent un intérêt de collection.

MÉDAILLES

148 — **Louis VIII**, dit le Lion de France. Méd. de la série historique.
Etain, 52 mm. **Louis XIV**, Prise de 30 villes, 1644. Br. 41 mm.
Louis XIV. La famille royale, 1693. Méd. de présent aux
chefs sauvages du Canada, Br. 41 mm. **Philippe d'Orléans**,
régent. Son buste à dr. Trésor rétabli, 1717 (Méd. de Saint-
Urbain) .Br. 54 mm. **Louis XV**. Construction de l'Ecole mi-
litare 1769. Br. 60 mm. 5 pièces.

149 — **Louis XVI**. Campagne d'Amérique. Bataille de Cowpens, 1781.
Washington commandant. Br. 51 mm. Médaille des dons
patriotiques, 1791. Br. 30 mm. Colonie franco-américaine du
Castorland, 1796. Br. 32 mm. 3 pièces.

150 — **Napoléon Ier**. Son couronnement. Argent 10 mm : son mariage,
1810. Br. 41 mm. **Louis XVIII**. La Charte, 1816. Le Crédit
public rétabli, 1818. Br. 41 mm. **Charles X**. A l'héroïque Pologne, 1831. Etain. 52 mm. **Napoléon III**. Société des Amis
des Arts de Lyon, 1849. Médaille bronze avec médaillons de
Philibert de l'Orme, Coustou, Stella, Audran. 6 pièces.

151 — **Société des Numismates** de France, 1855. Bon pour un dîner
sensuel. ℞. Ordre de la Fourchette numismatique. Etain,
38 mm. Souvenir d'Italie, 1904. Loubet et Victor Emmanuel
Cuiv, 38 mm. Emprunt de 1915. L'or de la Victoire. Cuivre
38 mm. 3 pièces.

152 — **Expositions** de Bruxelles, 1910 (Devreese). Liège, 1905, Section
française (Vernon). Londres, 1908 (Pillet), Saint-Louis, 1904
(Bottée). Plaquettes. 5 pièces.

153 — Epreuves repoussées de médailles des monuments de Paris. La
Cité (2 modules). Montmartre (2 modules). Notre-Dame,
Le Trocadéro, Arc de Triomphe, Saint-Etienne du Mont.
9 pièces.

154 — Monuments de Province : Versailles, Petit Trianon (2 modules).
Le Mont Saint-Michel, Chenonceaux (2 modules), Chaumont
(2 modules). 7 pièces.

155 — Le Caire. Institut français d'archéologie. Plaquette bronze,
pliant. 46 mm. Légion des Vesuviennes, Cie de Chasseuses,
1848. Etain, 23 mm.

156 — Le Caire. Institut français d'archéologie. Plaquette bronze,
54 × 41. Médaille avec portrait de femme. Cuivre, 75 mm.

157 — Le Fauconnier. Bronze doré uniface, 61 mm. La Coiffure. Br.
doré uniface, 70 × 55 mm. Le Martyre de Saint Sébastien.
Plaquette cuivre 105 × 70 mm.

158 — Plaques de Muletiers. Tanger (Maroc). Plaque de Giberne,
87e d'Infanterie. Comté de Québec. Cuivre, 4 pièces.

159 — Lot de médailles et plaquettes. Cuivre, 5 pièces.

160 — Collection de portraits de personnages dans encadrement.
Etain 86 mm. César. Titus, Claude, Tibère, Néron, Vitellius,
Vespasien, Domitia, épouse de Domitien, Petronia, ép. de
Vitellius, Vipsania ép. de Tibère, Alba Terentia ép. d'Othon,
Lepida ép. de Galba, Drusilla, ép. de Caïus, Calpurnia ép.
de Jules César. (Belle série ancienne de ces médaillons).

161 — Ballons (Médailles sur les). Montgolfier. Exp. de 1783. Paris,
1783. Lyon 1784. Br. 41 mm. Exp. de Darlandes et Pilastre,
1783, Br. 52. Paris 1870-1871. (Exp. de Coll.) Siège, Br.
65 mm. Expériences de Chalais-Meudon, 1885. Br. 72 mm.
Médaillon avec Expérience de 1783, dans cercle cuivre doré,
72 mm. 7 pièces.

162 — Cinéma (Delanoy). La Photographie (Baudichon). Invention de la Photographie, 1866 (Oudiné). Bronze, 3 pièces.

163 — 25e Anniversaire Fondation du Lycée Molière, 1913. Plaquette bronze, 62 × 55.

164 — Installation des Caisses d'amortissement et des Dépôts et Consignations. Paris, 1859. Bronze, 70 mm.

165 — Faure (Maurice) Sénateur, vice-président, lauréat de l'Ac. Fr., par Prud'homme. Bronze, 65 mm.

166 — 3 Berne, 5 francs, 1885. Tir Fédéral. Argent.

167 — 2 Schwyz, 5 francs, 1867. Argent.

168 — 1 Hambourg. Siège de 1685. Légende, avec 18 fois la lettre P. Argent, 33 mm.

169 — **Charles VI d'Autriche,** 1711. Méd. de la Comète. Etain, 50 mm.

170 — **Aloïs,** prince, duc de Montis Altis, etc. Son buste. R̰. IN OMNIBUS EGO. La Justice assise, 1638. Br. 60 mm. **Aldrovandi** (Ulysse) médecin. Br. coulé, 75 mm. **Alsace et Lorraine.** Deux médailles uniface personnifiant ces deux provinces. **Ansanus** (John). Son buste. R̰. VIRTVTI LIBVRNI CIVITAS, 1792. Bronze, 50 mm. 5 pièces.

171 — **Arc** (Jeanne d'). Son buste. Cuivre, 22 mm. **Arnould** (Antoine) Galerie métallique, 1817. Méd. de la Comète. Etain, 50 mm. Sainte. Bronze, 32 mm. **Boulay** (Henry), président de l'Académie des Sciences. 1884-1885. (Roty). Bronze, 63 mm. **Branly** (Edouard), médecin et inventeur de la T. S. F. (Legastelois). Br. 55 mm.

172 — **Bugeaud** (Maréchal), duc d'Isly, (Merley). Br. 55 mm. **Châteaubriand** (Vte de). Son buste de face (Bovy). Br. 41 mm.

173 — **Cimarosa** (Dom.). Série numism. Br. 41 mm. **Duro** (Caesar Fernandez). Son buste (Signé A. M.). R̰. POR SUS SERVICIOS A LA CIENCIA Y LA PATRIA. 1912. Br. 112 mm. **Ignace de Loyola,** 2 Méd. religieuses. **Léon XII.** Méd. porcelaine, 70 mm. 4 pièces.

174 — **Gonzague** (François de). R̰. NON IGNARA. (Arm. vol. 11. 99.4) Bronze. **Lorraine** (Pierre Léopold, duc de). Son buste. R̰. NIC LABOR HIC REQUIES. Palmier. Bronze, 46 mm. **Gran** (Bataille de). Plan de Neuhausel. R̰. Armoiries, 1685. Bronze, 41 mm. 3 pièces.

175 — **Dampville** (Fr. Christ de Levi de) Maréchal et aide de camp de Montcalm en Amérique. Son buste. R̰. Ses armes sur un manteau. Br. 48 mm. **Gyron** (Pierre). R̰. Cheval. Bronze, 47 mm. **Niepce et Daguerre.** Inventeurs de la photographie. Leurs bustes. Cinquantenaire. 1839, 1889. Br. 70 mm. **Monnier de la Sizeraune** (Comte). Médaille br. 4 pièces.

176 — **Philippe.** roi d'Espagne, duc de Milan. R̰. SIC PLACUIT DEO. Br. 50 mm. **Pie VII,** Visite à la Monnaie. 1805. Br. 41 mm. **Pie IX.** Boîte médailles avec vues de Rome, 47 mm., **Suger** (Abbé), Galerie métallique. 1820. Br. 41 mm. 5 pièces.

177 — **Victoria,** reine d'Angleterre. **Eugénie,** impératrice des Français. **Napoléon,** prince impérial. Médaillons en bois durci. 112 mm. 3 pièces.

178 — **Bas relief.** Fonte de fer. Sujet antique. 35 cms sur 15 cms.

179 — Sceau commun de Dijon, 85 mm. Sceau de Thomas Esbur ? prêtre à Langres. Ogival, 68 × 42. 2 pièces.

180 — Coin monétaire. Una peseta, 1856. Cachets divers. Timbre Notaire impérial de Mirepoix. cuivre, 10 pièces.

ANTIQUITÉS

181 — Lot de Camées, sur corail, 17 pièces.

182 — Lot de Camées façon blanche, sur fond, 25 pièces.

183 — Lot de Camées et intailles. 16 pièces.

184 — Lot de Camées en verre coulé, amulettes, etc., 48 pièces.

185 — Scarabée, amulettes égyptiennes (Objets de fouilles), 25 p.

186 — Lampes antiques, terre et et bronze, statuettes égyptennes br. et terre, tablettes égyptiennes, à prières, carrelages anciens. 20 pièces.

187 — Lot de statuettes égyptiennes en terre cuite. 25 pièces.

188 — Fragments de bras de momie, bandelettes, etc, lot de crucifix, mouchette à appliques bronze. 22 pièces.

189 — Silex taillés, flèches, objets de fouille (Période primitive). 26 p.

190 — Etuis ivoire et nacre, miniature, icone orthodoxe. 6 pièces.

191 — Sous-main cuir orné romantque. 1 éventails et 2 écrans. 3 pièces.

192 — Trois Chrits en ivoire, Saint Jean-Baptiste ivoire sculpté et coloré, 1 étui perle,tenture ancienne soie brodée (1 m. x 0.80). 5 pièces.

193 — Etui à reliques avec miniatures sur parchemin. Bois gravé pour marquer les tissus : Toiliers de Saint-Gervais, 1746. Au centre, armes de Rouen, 2 pièces.

194 — Icone russe, cuivre repoussé, autre émaillée sur cuivre, 2 p.

195 — Planches gravées pour tirage. **Louis XVI** et **Marie-Antoinette,** gravée par Miger (Simon Charles), à 82 ans. 2 pièces.

196 — Saint Jean-Baptiste. Planche, cuivre gravé. **Dagobert,** roi de France, 2 planches.

197 — Scène du Christ au Jardin des Oliviers. Peinture sur cuivre, 16 × 12. Madone, peinture sur cuivre, 12 × 9. Christ, peinture sur cuivre, 18 × 13. 3 pièces.

198 — Aérostation. Montgolfière s'élevant au-dessus d'une ville. Fond or, sur émail bleu,monture cercle or, 45 mm. (Ep.Louis XVI)

199 — Manuscrit de Usuart. 130 pages écriture latine gothique ; reliure cuir gauffré. Tranches dorées avec fleurs de lys sur les tranches.

200 — Aquarelles encadrées sous verre. Au Grand Turc. Vieux papier commercial. En tout, 7 pièces.

PAPIER MONNAIE

201 — **Assignats, 4 Janvier 1792,** 10 sous, 15 sols, 25 sols, 50 sols ; 25 **Octobre 1792,** 10 sous, 15 sols, 10 livres ; **14 Décembre 1792** 50 livres ; **23 Mai 1793,** 10 sous, 15 sols, 50 sols; **6 Juin 1793,** 25 livres; **10 Brumaire An II,** 5 livres (10 sign. variées) ; **18 Nivôse An III,** 100 francs, (2 variétés) ; **28 Ventôse An IV** Mandant territorial, 25 francs (2 variétés), 100 fr. et 500 fr.

202 — **Bons de Communes. Révolution Française. Bouches-du-Rhône:** Marseille, 20 sous ; Thor, 10 sous. **Côte d'Or:** Dijon, 5 sols, 15 sols. **Eure:** Bagnols, 2 sous, 5 sous. **Gard :** Cavilhargues, 3 sous; Sabran, 3 sous; Saint-Ambroix, 2 sols; Saint-Hippolite, 1 sol, 10 sous; Uzès, 5 sols, 10 sous, 30 sous. **Hérault:** Pézénas, 2 sols ½, (6 variétés). **Loire-Inférieure:** Nantes, 5 sols.

203 — **Lot-et-Garonne**: Combebonet, 5 sous. **Lozère**, Saint-Jean-la-Fouillouse, 30 sous. **Meurthe-et-Moselle**: Nancy, 10 sous. **Nord**: Valenciennes, 5 sols. **Puy-de-Dôme**: Cornon, 5 sous ; Poinsat, 10 sous ; Pont-du-Château, 15 sous. **Rhône**, Siège de Lyon, 5 livres. **Sarthe**: Saint-Maixent, 20 sols. **Seine-Inférieure**: Cany, 3 livres. **Somme**: Abbeville, 10 sous, 15 sous, 25 sols ; Hangest, 8 sols. **Tarn**: Albi Fabrique, 5 sous. **Vaucluse**: Entraigues, 2 sols 6 deniers, 5 sols, 20 sols. **Lagnes**, 5 sols ; Piolenc, 5 sous ; Sorgues, 10 sols.

AUTOGRAPHES - DOCUMENTS

204 — **Albert** (François). Ancien ministre. Lettre autogr. signée.

205 — **Bourbon** (L.I.M. prince de), pair de France, gouverneur de Bourgogne, né en 1736, mort en 1818. Paris, 18 Janvier 1776. Lettre de remerciements. Sign. griffe.

206 — **Clemenceau** (Georges). Lettre signée, infligeant un blâme à un fonctionnaire. Paris, Ministère de l'Intérieur, 8 Oct. 1906.

207 — **Clermont-Tonnerre** (Comte de). Ministre de la Marine, Paris, 23 Décembre 1822. Certificat à en-tête contresigné du Comte d'Augier.

208 — **Daladier**, Ministre des Colonies. Lettre concernant l'Association des Indo-Chinois, Paris, 14 Janvier 1925.

209 — **Delapaux**. Port de Toulon. Ordre de départ de la frégate Tartare pour porter d'urgence un pli au Maréchal Gouverneur (Bujeaud) 3 avril, s. d.

210 — **Gouraud** (Général). Gouverneur de Paris. Lettre d'acceptation à une cérémonie, 19 Janvier 1924.

211 — **Lacoste** (Jean de). Avocat et Ministre de la Marine, du 15 mai au 20 Juillet 1792, né à Dax (Landes), en 1730, mort en 1820. Pièce signée, écrite à Delmotte, Ministre de Louis XVI, accusant réception d'un certificat. Une page 1 folio.

212 — **Dumas** (Alexandre), Père du romancier, fils du Général Dumas. Photographie encadrée, avec dédicace écrite et signée, à son bon et cher ami Charpillon. L'encadrement en bois ajouré et sculpté (1 m. × 0.80), porte une plaque encadrée, avec la même dédicace gravée.

213 — **Louis XIV, roi de France**. Brevet de nomination d'enseigne dans un Régiment d'Infanterie, donné à Versailles, le 30 Décembre 1713 et contresigné de Voysin, grand chancelier et secrétaire d'Etat au département de la Guerre. In-folio.

214 — **Machault** (Jean-Baptiste), seigneur, d'Arnouville, Contrôleur général des Finances, Ministre de la Marine, né à Paris en 1701, mort en 1794. Permission de faire désarmer le Fort Saint-Pierre, navire expédié à Bordeaux pour La Martinique et qui doit revenir au Havre. Versailles, 2 mai 1755. Signature

215 — **Mayol** (Le Chansonnier). Lettre autogr. signée. Photographie avec dédicace et contrat d'engagement, 15 Décembre 1923. Ensemble, 3 pièces.

216 — **Moncey** (Le Général). Lettre autogr. datée de Bayonne, le 12 Prairial An V. Entête, cachet et signature, concernant le voyage d'un français en Espagne.

217 — **Monzie** (de). Ancien ministre. Lettre de remerciements, 14 février 1923. Entête Sénat, avec signature.

218 — **Nompar de Caumont, duc de la Force** (M. Jacq.). Pair de France et Académicien. Lettre signée avec cachet de cire, au Seigneur Pierre de la Perche, avocat et juge de Paris, 16 Juillet 1720.

219 — **Napierkowska.** Actrice célèbre. Photo avec dédicace, signée.

220 — **Richelieu** (Emm. Armand Du Plessis) duc d'Aiguillon, pair de France, Gouverneur de la Haute et Basse Alsace, etc. Lettre à entête pour drots de prélation et retenue. Nantes, 16 mars 1765, signature et cachet.

221 — **Sainte Beuve.** Lettre autogr. signée. Evreux, 6 Octobre 1811.

222 — **Sarrau,** Ministre des Colonies. Lettre signée : Mes jeunes frères d'Annam m'ont dit, quand je les ai quittés : Vous nous avez gouvernés avec votre cœur », etc...

223 — **Var.** Extrait des registres des délibérations de l'administration centrale du dépratement, 2 nivose, an 5, arrêtant que le nom du citoyen Louis Jullien, consul de Gênes, sera rayé de la liste des Émigrés sur laquelle il n'avait été porté que postérieurement au 31 mai 1793 ; 3 pages ½. Signatures de Mouttet et de Cartier.

224 — **Vergennes** (Charles Gravier, comte de), Ministre des affaires étrangères, né à Dijon en 1717, mort à Paris en 1787. Lettre de service, Paris, 30 mars 1785. Signée.

224 bis — **Verlaine** (Paul Marie), poète, né à Metz en 1844, mort à Paris en 1896. Deux poésies inédites : « Quelques Amis » à Léon Vannier, Hôpital Broussais, 1889 et à Max Rosa, pour l'nviter à le venir voir salle Lasègue, Hôpital Broussais et portrait dessiné par Ladislas Locqvy en 1888, offert à Rodolphe de Salès, du Chat Noir. Grandeur originale 35 × 22.

AUTOGRAPHES ET DOCUMENTS
DE L'ÉPOPÉE IMPÉRIALE

225 – Lettre autogr. de Joséphine à Barras. Lyon, 22 Prairial,An IV (bordure liseré vert eau).

> Le citoyen Baiochique (Bacciochi) allié de Bonaparte désire mon cher Barras être nommé à Marseille à une place qui se trouve vacante. C'y joint un mémoire qui vous mettra à même de connaitre les services de ce citoyen, vous obligeriez la famille Bonaparte, si vous pouviez mon cher Barras, employé d'une manière active le citoyen Baiocchique et en mon nom particulier je lui demande pour lui votre intérêt. Amitié sincère.
>
> Lapegerie Bonaparte.

226 — Napoléon au duc de Frioul, 2 avril 1811. Signé Nap...

> Monsieur le Duc de Frioul — N'est-ce pas vous qui avez écrit à mon ministre en Westphalie que le roi pouvait venir à Paris, mais il parait que vous avez écrit que le Roi pouvait venir avec toute sa cour.
>
> Si cela est, il va venir avec une suite nombreuse qui le constituera en immenses dépenses. Dites moi ce que vous avez écrit à ce sujet. Sur ce, je prie Dieu qu'il vous ait en sainte garde. 2 Avril, Paris.

227 — Lettre de service signée par le Maréchal Bertrand avec appr.N. (approuvé Napoléon), 10 Juin 1815. Rapport de l'Empereur concernant des nominations d'employés supérieurs à la maison de l'Empereur. (Papier filigrané. Tête de Napoléon et Aigle impérial).

228 · Brevet de capitaine pour le Cne Antoine. Donné à Saint-Cloud, 29 prairial, An II. Signé Bonaparte, Maret et Berthier. Parchemin encadré.

229 -- Rapport signé par le Prince d'Eckmuhl, concernant les déserteurs de l'armée espagnole, 25 mai 1815. Signé Prince d'Ecmuhl, deux fois et approuvé Nap.

230 — Lettre patente de commandement supérieur à la Place du Quesnoy pour le colonel Dupré. Paris, 3 Mai 1815, signé Napoléon, le duc de Bassano et le prince d'Eckmulh.Parchemin.

231 — Marie-Louise. Lettre de 4 pages, non sign. datée du 9 avril 1818.

232 — Marie-Louise. Autre lettre de 4 pages signée et datée de Parme 21 Janvier 1832 (avec 2 devoirs et enveloppe).

233 · Lettre de Napoléon à Drouot. Porto Ferrajo (Ile d'Elbe), 9 août 1814. Concernant les logements de la Cie du Bat. de Chasseurs à la porte de Linguella. Signée Napoléon.

234 — Lettre de Napoléon au Maréchal Lefebvre, duc de Dantzig, Donauwerth, 17 avril 1809, 11 h. ½ du matin.

> Mon Cousin. — Je donne ordre au duc d'Auerstadt de se porter d'abord sur Neustadt pour s'appuyer sur Ingolstadt, mon intention est que vous vous rendiez à l'avant-garde à Neustadt où se trouve le général Wrede et que vous réunissiez vos troupes pour tenir en respect le corps de Landshut, ou vous porter s'il était nécessaire au secours du duc d'Auestadt, pendant quil fera son mouvement et coopérer à la défaite du corps de Landshut. Si le retour inopiné du duc d'Auerstadt le surprenait et mettait à même de lui faire du mal.
>
> J'attend avec impatience des nouvelles de l'ennemi. Quel est le corps d'armée autrichien qui a débouché à Landshut ? Où se porte-t-il ? Quel est le nombre des autres colonnes dont vous ou le général Wrede auriez connaissance ?

Je reçois à l'instant la lettre ci-jointe du Général Wrede.
Vous sentez combien il est important de tenir votre corps
réuni pour soutenir le duc d'Auestadt et lui donner le temps
de se replier sur Neustadt et Geisenfeld. Il n'y a point d'in-
convénient que vous fassiez connaître au duc d'Auerstadt la
position que vous prenez pour protéger son mouvement et
que vous l'informiez que je lui ai envoyé à 10 heures du
matin l'ordre de se porter sur Ingolstadt par la rive droite
du Danube. Sur ce je prie Dieu qu'il vous ait, mon Cousin,
en sa sainte et digne garde. A Donauwerth, le 17 avril 1809,
à 11 heures et demi du matin. Signé : Napoléon.

(Pièce contenant des instructions tactiques pour la bataille
de Landshut qu eut lieu le 21 avril et préluda à la victoire
de Ratisbonne. (Très belle signature).

235 — Lettre de Napoléon enjoignant aux Evêques la célébration d'un
Te Deum en l'honneur de la prise de Madrid. Signée Napoléon et contresignée Maret.

Monseur l'Evêque. — Les victoires remportées par nos
armées aux champs de Espinosa, de Burgos, de Tudela et
de Somo-Sierra, l'entrée de notre troupe dans la ville de
Madrid et le bonheur particulier que nous avons eu de
sauver cette ville intacte des mains des brigands insurgés,
qui en tenaient tous les honnêtes gens sous l'oppression,
nous portent à vous écrire cette lettre.

Nous désirons qu'aussitôt après sa réception, vous vous
concertiez avec qui de droit afin d'appeler nos peuples dans
les Eglises et de faire chanter un Te Deum et telles autres
prières que vous voudrez désigner pour rendre grâce à
Dieu d'avoir protégé nos armées et d'avoir confondu les
ennemis de notre nation et de la tranquilité du continent
qui, réveillant sans cesse l'esprit de faction cherchent à
consolider leur monopole par les désordres publics et pour
le malheur des peuples. Sur ce Monsieur l'Evêque nous
prions Dieu qu'il vous ait en sa sainte garde. En notre
camp impérial de Madrid, le 7 Décembre de l'An 1808.

Napoléon.

(Très belle pièce historique ; une page in-folio).

236 — 5 Pamphlets du temps, contre Napoléon Ier. Derniers efforts,
adieux et pleurs de Bonaparte. Le Mea Culpa de Napoléon
Bonaparte. La Patrie à quelques-uns de ses enfants égarés.
Le cri du peuple français, par Mossé. Louis XVIII aux
Français, 1814.

237 — 10 Pièces officielles diverses de 1813, 1814, 1815. (Lot très curieux)

238 — Ordre du jour de la flotille impériale, commandée par le Contre
Amiral Labrosse. Boulogne, 5 Prairial An 13, 20 Prairial
An 13, 4 Fructidor An 13 : 23 mars 1806. 4 numéros in 8° br.
(Très rare).

239 — Collection de bulletins de la Grande Armée, format grand in-8°
carré avec aigle comme entête. Année 1812. 5' Bul. Wilna,
6 Juillet. 6' Bul. Wilna, 11 juillet. 9' Bul. Bechenkoviski, 25
juillet. 10' Bul. Witepsk. 31 juillet. 11° Bul. Witepsk, 4 août.
12' Bul. Witepsk, 7 août. 18° Bul. Majaisck, 10 septembre.
Rapport joint au 18° Bulletin signé du général Sokolnichi.
19' Bul. Moscou, 3 oct. 20' Bul. Moscou, 17 déc. 21' Bul.
Moscou, 20 sept. 23° Bulletin, Moscou, 9 Oct. 24' Bul. Moscou, 14 Déc. 25' Bul. Noilskoé, 29 Oct. 1812. (Très belle
collection).

240 — Autre lot avec 10', 18°, 19' et 21' Bulletin.

241 — Plans coloriés des batailles de Marengo, Auersterlitz, Fried-
land, Wagram et siège de la ville d'Ath, en 1697, servant
aux élèves de l'Ecole Impériale polytechnique. (Gr. in-f. br.

242 - - Affiche Hôtel de Ville. Comité permanent : Arrête que MM. de
la Ferme générale et de la Régie générale continueront de
percevoir les droits d'entrée et autres droits établis à Paris.
A l'effet de quoi, ordonne que la Milice parisienne prêtera
main forte pour assurer ladite perception et veiller à la
sûreté des deniers, dont l'emploi sera déterminé par le Comité. Le 15 juillet 1789. Signé Chignard, Pérignon, Greslé.
Format 50 × 42 cms.

243 - - Convention entre le roi très chrétien et l'impératrice reine de
Hongrie et Bohême, pour la restitution réciproque des déserteurs. 16 Décembre 1756. Placard gr. in-folio.

(Les déserteurs seront remis à Toulon, à Neuf-Brisac, à
Strasbourg, à Thionville, à Maubeuge et à Lille et les Fran-
çais à Livourne, Vieux-Brisac, Khel, Luxembourg, Mons et
Ipres.

244 —Image de dévotion, imprimée sur soie, de Notre Dame de Pilar,
Sarragosse, 1779. Abîmée, 26 × 19 cms.
Annonce de faire part, 1831. Encadrement et vignettes bois.
Format 47 × 39.

245 — 1806. (15 Oct.). 5 Bul. de la Grande Armée. Bataille d'Iéna, in-8

246 — 1807. (13 Juin). Copenhague. Annonce aux législateurs du blo-
cus anglais aux Dardanelles et à Smyrne. Feuille grand in-8,
imprimée avec signature.

247 — 1807. (12 Juillet). Convention conclue par S. A. S. le prince de
Neuchâtel et son Exc. le comte de Kalkreuth, pour l'exé-
cution du Traité de Tilsitt entre Leurs Majestées l'Empereur des Français et le Roi de Prusse. Placard in-folio.

249 — 1809 (Mar). 33' Bulletin de l'armée d'Espagne. Prise de Sarragosse. In-8°.

248 — 1809 (5 Janvier). 25ᵉ Bulletin de l'armée d'Espagne. Bénavente.
Prise de Villa Franca. 2 pages in-folio.

250 — 1813 (23 mai.) Nouvelles officielles de la Grande Armée. L'Empereur est àDresde. Les armées marchent sur Berlin. Placard in-folio.

251 — 1814 (10 Avril). Détail de l'Entrée des troupes alliées dans
Paris. (Supplément au Mémorial Bordelais). 2 feuilles grand
in-8°.

IMAGES - GRAVURES

252 — **Imagerie d'Epinal.** Siège de Toulon. Bataille de Lodi. Le Pont
d'Arcole. Bataille de Rivoli. Bataille de Marengo. Campagne d'Italie, Honneur au courage malheureux.

253 — Prise d'Alexandrie. Bataille des Pyramides. Bonaparte tou-
chant les pestiférés de Jaffa. Bonaparte visite les Pyramides

254 — Napoléon au Camp de Boulogne. Napoléon et la mère du Gre-
nadier (Brienve). Capitulation d'Ulm. Napoléon blessé à
Ratisbonne. Bataille d'Essling. Mort de Montebello.

255 — Bataille de Lutzen. Bataille de Wagram. Bataille d'Iéna. Veil-
liée d'Austerlitz. Bataille d'Austerlitz. Derniers moments du
Maréchal Duroc à Wurtschen.

256 — Entrée de Napoléon à Madrid. Siège de Sarragosse. Bataille
de la Moskowa. Passage de la Bérésina.

257 — Napoléon à Montereau. Napoléon à Arcis-sur-Aube. Adieu de
Fontainebleau.

258 - Débarquement de Napoléon à Golfe-Juan. Entrée de Napoléon
à Grenoble.

259 - - Napoléon à Paris. Chacun son métier. Bataille de Waterloo.

260 — Mort de Napoléon à Sainte-Hélène. Convoi Funèbre. Tombeau
de Napoléon. Napoléon à Sainte-Hélène, Allégorie. Napoléon, gloire nationale. Apothéose de Napoléon.

261 - - Collection de gravures concernant l'épopée napoléonnienne.
Format 22 × 16 cms, gravées par Girardet et ornant l'ouvrage
de Thiers. Histoire du Consulat et de l'Empire. Bonaparte
traverse le Saint-Bernard. Bonaparte indique le percement
du Canal de Saint-Quentin. Revue à Lyon de l'armée
d'Egypte, Trafalgar: mort de l'Amiral Magon. Napoléon
proclamé Empereur. Combat sur la plage de Boulogne. Fait
d'armes du Capitaine Troude. Napoléon essuyant le feu
d'une frégate anglaise. Bataille d'Hohenlinden. Mortier au
combat de Dirustein. Découverte du Général Montbrun.
Congrès d'Erfurt. Surprise des ponts de Vienne. Austerlitz.
Iéna. Charges des cuirassiers à Eylau. Bataille de Hanau.
Combat de Weissenfels. Passage de Niemen. Siège de Dantzig. Ney à la retraite de Russie. Batailles de Fuentes
d'Onoro. Les lanciers polonais à Somo Sierra. Insurrection
de Madrid. Moncey à la barrière de Clichy. Adieux de Fontainebleau. En tout, 26 pièces.

262 -- Autre collection de 14 pièces.

263 — Portraits de Généraux: Eugène de Beauharnais, Berthier,
Bertrand, Bessières, Bonaparte, Joseph Bonaparte, Prin-
cesse Pauline Borghèse. Bruix, Caulaincourt, Davout, De-
saix à Marengo, Duroc, Gouvion Saint-Cyr, Kléber à Hélio-
polis, Lannes à Essling, Lasalle, Macdonald, Masséna à Gênes, Murat, Ney, Oudinot, Poniatowski, Pie VII, Soult,
Suchet, Tayllerand, Victor. En tout, 27 pièces.

264 -- Autre collection de 14 pièces.

265 — Vue de Cannes et des Iles Sainte-Marguerite. Gravé par Gar-
neray. Gravure en couleurs, 45 × 28 cms.

266 — Vue de Fréjus et du Port de Saint-Raphaël. Gravé par Gar-
neray. Gravure en couleurs, 45 × 28 cms.

267 -- Plans et profils des principales villes de la province de Pro-
vence. Frontispice gravé. Château d'If, Gouvt. de Marseille,
d'Aix. Plan d'Ax. Gouvt. de Toulon, Plan de Toulon, Fort
de Brignançon, Gouvt. d'Antibes, Plan d'Antibes, Canal de
Martigues, Golfe de Grimaut, Gouvt. de Saint-Tropez, Plan
de Saint-Tropez. Etang de Berre. Album gr. in-8°. br.

AUTOGRAPHES ET DOCUMENTS

268 — **Bourbon** (Ex-demoiselle de). Bureau de déclarations des créan-
ciers des émigrés. Dépôt de deux pièces concernant la créan-
ce de l'ex-demoiselle de Bourbon. Paris, An II. Grand in-8°,
avec vignette.

269 — **Cobourg** (Feldmarschal, prince de). Proclamation au quartier
général de Touron, le 30 juillet 1794. In-folio. Pièce écrite à
la main.

270 — **D'Hautefort,** Directeur général du Canal Impérial de Sarragosse. Lette à l'Intendant général. Sarragosse, 28 Sept. 1811.
3 pages avec entête.

271 - - **La Tour d'Auvergne Lauragnais** (Hugo Rob. Jean Charles de),
Cardinal, évêque d'Arras. Dispense de bans.

272 - - **Laurent de Villedeuil,** secrétaire d'Etat à la maison du Roi.
Supression de la charge d'écuyer de main du Roi, au nom
de Ch. Gab. Deschamps de Boisgebert. Versailles, 14 Février 1789.

273 — **Mazuger,** maire de Saint-Andéol (Loire). Lettre à M. le Maire de Saint-Étienne, concernant les réquisitions, ordonnées par le Prince de Saxe Cobourg. 5 Avril 1814. Lettre de 3 pages.

274 — **Pichegru.** Prospectus de l'Ingénieur Patris, concernant l'impression du procès Pichegru, Moreau et autres. Paris, 5 Germinal, An 12.

275 — **Rolland** (Lettre de), ministre de l'Intérieur, à l'Assemblée nationale, 17 septembre 1792. Placard imprimé in-8° br.

276 — **Sacre de Napoléon Ier.** 2 Déc. 1804. Ordonnance et détail de la cérémonie du sacre en Notre-Dame pour les membres du Clergé. Placard imprimé, in-8° br.

277 — Sixième demi-brigade d'Infanterie. Certificat de présence au corps. Rimini (Italie), 12 Fructidor, An 9.

278 — **Toulon** (Port de). Congé de libération du bagne et détaché de chaîne. Toulon, 1842. In-folio.

279 — **Vintimille** (Ch. Gasp. Guill. de), archevêque de Marseille. Dispense de bans. Timbre sec et signatures.

280 — Lot de documents divers, affiches, mandements, lettres mortuaires, 15 pièces.

281 — Le chemin de fer. Ligne Saint-Lazare. Dans le fond, colline de Montmartre. (Image d'Epinal coloriée).

282 — **Orléans** (S.A.R. Mgr. le Duc d'). Organisation des chasseurs à pied au camp de Saint-Omer. Lithographie. Villeneuve et Challamel.

283 — Atlas des lignes télégraphiques aériennes construites en France de 1793 à 1852. Paris, 1892. In-folio planches coloriées par départements. Reliure toile acajou.

284 — Musée des Annales. Deuxième série. Les Maîtres du XVIIIe siècle. Préface par Adolphe Brisson. Paris, petit in-folio br., 11 planches typographiques.

285 — Universal classic Manuscrits. Fac-simile of Originals in the British Museum New-York. Londres. Album in-folio relié toile.

286 — Apothéose de Neptume. Superbe gravure encadrée. (Boucher pinxit). 60 × 45.

287 — Placard du duc d'Orléans, concernant les droits à percevoir dans chaque paroisse en faveur des pauvres. Orléans, 16 Janvier 1741. Encadrement acajou, 50 × 38.

288 — **Lasalle** (Général), né à Metz. Gravure en noir, par Aubry. Encadrement bois noir, 50 × 40.

289 — Lot de gravures diverses.

290 — Objets omis.